JOURNAL ASIATIQUE

OU

RECUEIL DE MÉMOIRES

D'EXTRAITS ET DE NOTICES

RELATIFS À L'HISTOIRE, À LA PHILOSOPHIE, AUX LANGUES
ET À LA LITTÉRATURE DES PEUPLES ORIENTAUX

LECTURE JAPONAISE
DU CHINOIS
PAR M. MAURICE COURANT

(Extrait du n° de Septembre-Octobre 1897)

PARIS
IMPRIMERIE NATIONALE

M DCCC XCVII

DE LA LECTURE JAPONAISE

DES TEXTES

CONTENANT UNIQUEMENT OU PRINCIPALEMENT

DES CARACTÈRES IDÉOGRAPHIQUES

DE LA LECTURE JAPONAISE

DES TEXTES

CONTENANT UNIQUEMENT OU PRINCIPALEMENT

DES CARACTÈRES IDÉOGRAPHIQUES

PAR

M. MAURICE COURANT

EXTRAIT DU JOURNAL ASIATIQUE

PARIS

IMPRIMERIE NATIONALE

M DCCC XCVII

DE LA LECTURE JAPONAISE
DES TEXTES
CONTENANT UNIQUEMENT OU PRINCIPALEMENT
DES CARACTÈRES IDÉOGRAPHIQUES.

Les Japonais, dont la langue est, on le sait, de type agglutinatif et présente quelques traces de flexions, se servent d'une écriture empruntée aux Chinois, qui parlent et écrivent un idiome monosyllabique à mots invariables; pour mettre en usage un instrument aussi peu approprié, ils ont posé quelques conventions nouvelles et étrangères au chinois. Le caractère chinois, sous une forme carrée, cursive ou abrégée, a parfois une valeur purement phonétique: il reçoit alors le nom de *kana* (假名, caractères empruntés) et sert de base aux syllabaires japonais, qui contiennent en tout quelques centaines de signes, correspondant à 48 sons. Plus souvent, sous le nom de *mana* (眞名, vrais caractères), les signes chinois conservent une valeur idéographique, en recevant une prononciation dérivée de la prononciation chinoise (音, *on* ou 聲, *kowe*, son) ou une lecture japonaise (訓, *kun* ou 讀, *yomi*, lecture;

instruction) qui n'a de commun avec le caractère que la signification. C'est ainsi que 三, ch. *san*, trois, pourra se lire *san*, *mi* ou *mitu*, en conservant son sens, et se rencontrer aussi comme signe phonétique avec la valeur *mi*; 世, ch. *chi*, monde, génération, se prononce, comme caractère idéographique, *sei* ou *yo* et a les lectures phonétiques *se* et *yo*[1].

Non seulement les caractères chinois, isolés et conservant approximativement leur sens et leur son, se sont fait une place dans la langue japonaise, mais des expressions chinoises toutes faites, formées de plusieurs caractères, gardant leur syntaxe propre, ont dès longtemps acquis droit de cité au Japon; depuis un quart de siècle, ces expressions sont devenues de plus en plus nombreuses : c'est, en effet, au vocabulaire chinois que les Japonais ont pris les éléments de tous les mots techniques dont ils ont eu besoin, à mesure qu'ils adoptaient la civilisation occidentale, comme nous-mêmes demandons si souvent au grec nos mots scientifiques. Des dictionnaires ont été faits pour cette nouvelle langue et ils sont toujours insuffisants, en raison de ses transformations rapides, qui rendent de plus en plus illusoires, par le nombre croissant des homophones, les espérances conçues par quelques personnes de substituer aux caractères idéographiques soit les *kana* syllabiques, soit l'alphabet latin.

Mais, si j'indique ces différentes questions, rap-

[1] Cf. le *Kana zi rui sihu*, 假名字類集, de Kikuti Masumi, 菊池眞澄.

port des *kana* avec leurs prototypes idéographiques, lois de dérivation de la prononciation sino-japonaise des caractères, emprunts faits par le japonais au vocabulaire et à la syntaxe du chinois, je n'ai pas l'intention de les étudier dans ce mémoire et je désire seulement, en les énumérant, définir plus nettement le sujet que j'aborde ici : comment les Japonais lisent-ils les textes écrits en langue chinoise par des Chinois ou par des Japonais? comment lisent-ils les textes japonais qui contiennent un grand nombre d'expressions chinoises? Je crois que ce sujet est capable d'intéresser ceux qui, s'occupant de la langue chinoise, n'ont pas le loisir d'étudier en outre le japonais : car le Japon a eu des écoles de sinologues (漢學者) qui ont jeté un vif éclat; les principaux textes de la littérature chinoise ont été expliqués et publiés avec des notes et des indications détaillées par des commentateurs, dont la science était soutenue par une longue tradition et éclairée par la communauté de civilisation; si nous ne sommes pas tenus d'adopter toutes les explications japonaises, du moins sera-t-il toujours sage d'en tenir compte. De plus, je suis persuadé que beaucoup de textes, rédigés en japonais, mais largement mêlés de caractères chinois, pourront, à l'aide de quelques observations grammaticales, devenir accessibles aux sinologues.

L'explication japonaise d'une phrase chinoise se borne, à l'œil, à très peu de chose : quelques petits caractères jetés à droite et à gauche de la colonne du texte, et c'est tout. Mais, puisque le Japonais qui sait sa propre langue, connaît par là même le sens des signes idéographiques, les quelques caractères notés à droite et à gauche, lui indiquant la construction de la phrase et les particules à ajouter au texte, constituent pour lui une véritable traduction, si bien qu'il lit en japonais la phrase qui est écrite en chinois : les observations grammaticales dont je parlais tout à l'heure, seront donc encore nécessaires au sinologue européen pour comprendre le sens exact attribué par le commentateur japonais au texte chinois. Je dois noter que je ne parle que des textes chinois qui sont lus pour être compris, textes classiques, philosophiques, historiques; très souvent, pour les textes de la religion bouddhique, la valeur formelle est tenue pour plus importante que le sens et le fidèle se borne à énoncer le son sino-japonais (音讀, *on doku*) des caractères dans l'ordre où ils se trouvent (棒讀, *bou yomi*· lecture en bâton). La lecture qui s'applique aux autres textes, porte le nom de *kun doku*, 訓讀 lecture par le sens, *wa kun*, 和訓 sens japonais, ou simplement *yomi*, 讀 lecture : c'est la seule dont je m'occuperai et dont j'expliquerai quelques exemples.

I.

PREMIÈRE PHRASE DE LA GRANDE ÉTUDE,

大學, ch. *Ta hio*, jap. *Dai gaku*.

后能慮ルテ慮而后能得。
靜ニァ而后能安シクフ安而
后有定ルテ定而后能靜カ。
止ルニ於至善。知テリ止而
明｜德ヲ 在親 スルニ 民 在
〇大｜學之道。在明 ニスルニ

LECTURE CHINOISE.

TA HIO tchi tao, ³tsai ²ming ¹MING TĘ; ⁶tsai ⁵tshin ⁴min; ¹⁰tsai ⁹tchi ⁸yu ⁷TCHI CHẠN. ¹²Tchi ¹¹tchi, EUL heou ¹⁴yeou ¹³ting; ting, EUL heou neng tsing; tsing, EUL heou neng 'an; 'an, EUL heou neng liu; liu, EUL heou neng tę.

LECTURE JAPONAISE.

DAI GAKU no miti HA, ¹MEI TOKU wo ²akiraka *ni suru ni* ³ari; ⁴tami *wo* ⁵arata *NI suru ni* ⁶ari; ⁷SI SEN ⁸ni ⁹todomaru *ni* ¹⁰ari. ¹¹Todomari *wo* ¹²sirite, [sikausite] noti ¹³sadamaru ¹⁴ari. Sadamarite, [sikausite] noti yoku siduka NARI. SiduKA *ni site*, [sikausite] noti yoku yasusi. Yasuku site, [sikausite] noti yoKU omonpakaru. Omonpakarite, [sikausite] noti yoKU u.

TRADUCTION.

La voie de la Grande Étude consiste à faire briller les vertus brillantes, à renouveler les autres hommes et à fixer pour terme la plus haute perfection. Connaissant le terme, ensuite il y aura une détermination; s'il y a une détermination, ensuite on peut avoir le repos; s'il y a le repos, ensuite on peut avoir la tranquillité; s'il y a la tranquillité, ensuite on peut examiner; si l'on examine, ensuite on peut réaliser.

NOTES.

Comme on peut le remarquer, le texte contient, outre les caractères chinois, trois sortes de signes : 1° La ponctuation (句點, ku ten), peu importante en japonais, puisque les terminaisons verbales marquent les pauses et la fin de la phrase; toutefois presque toutes les éditions japonaises la donnent. Le grand cercle du début, qui marque le commencement du texte, et les tirets indiquant les mots composés (entre 大 et 學, entre 明 et 德), sont d'un usage moins général. 2° A droite du texte, on lit des kana représentant les suffixes et particules que le Japonais y ajoute en lisant, pour l'enfermer dans le moule de sa syntaxe habituelle : dans la lecture japonaise, j'ai mis en italiques ordinaires ces particules et suffixes écrits en kana, tandis que j'ai noté en italiques petites majuscules ceux que l'on ajoute sans qu'ils soient écrits; il n'existe aucune règle prescrivant d'écrire, parmi ces particules, les unes plutôt que les autres : cela dépend du caprice de l'auteur ou du scribe; toutefois il est plus correct d'écrire toutes les particules et tous les suffixes. Ces syllabes placées à droite s'appellent okurigana, 送假名, kana qui accompagnent. 3° A gauche du texte, on trouve les kaheri ten, 反點, ou kun ten, 訓點, qui indiquent la construction japonaise de la phrase : le crochet, ‿, marque l'interversion de deux caractères voisins; les chiffres 一 un, 二 deux, 三 trois, etc., et les caractères 上 haut, 中 milieu, 下 bas, s'emploient pour transférer un mot à une place plus distante; en l'absence de notation de ce genre, les caractères se lisent dans l'ordre chinois. Ainsi les quatre premiers caractères et toute la fin du texte à partir de 定テ, se lisent dans l'ordre direct; mais la partie intermédiaire présente plusieurs inversions : 在 est rejeté après 明 à cause du crochet; le chiffre 二 mis auprès de 明 renvoie ce mot après le composé 明德, qui est affecté du chiffre 一; on lira donc comme s'il y avait 明德明在, en ayant soin d'insérer après chaque caractère les *okurigana* qui l'accompagnent à droite. Les numéros que j'ai mis dans la lecture chinoise devant quelques mots, indiquent l'ordre où le Japonais lit ces mots; j'ai répété les mêmes numéros devant les mots japonais correspondants pour faciliter la comparaison.

Le Japonais, guidé par ces diverses sortes de signes, traduit le texte tout en le lisant et donne aux caractères tantôt une valeur japonaise (訓, *kun*) qui est une traduction, tantôt une prononciation sino-japonaise (音, *on*) qui n'est qu'une transcription; dans le texte cité plus haut, j'ai mis en caractères romains petites majuscules les mots qui se lisent en *on*; seul l'usage apprend si un mot doit être lu en *on* ou en *kun*, et, dans ce dernier cas, quel est l'équivalent japonais du caractère. Mais le sinologue européen, qui se préoccupe seulement du sens et qui ne cherche dans les signes japonais qu'un secours pour l'intelligence de la phrase chinoise, n'a pas à tenir compte de ces distinctions, tant qu'il n'essaie pas de prononcer la phrase en japonais; au contraire, il est nécessaire qu'il comprenne les *okurigana* et qu'il sache le but des *kaheri ten*, c'est-à-dire qu'il ait quelques notions de grammaire et de syntaxe japonaises.

La construction japonaise est fixe et les mots de la phrase se succèdent dans l'ordre suivant :

1° génitif; 2° substantif d'où il dépend;

1° adjectif ou participe qualificatif; 2° substantif qualifié;

1° sujet; 2° compléments; 3° verbe;

1° compléments indirects; 2° complément direct;

1° noms de temps; 2° noms de lieu;

1° mot principal; 2° conjonctions ou particules modifiant le mot principal;

1° proposition subordonnée; 2° proposition coordonnée ou proposition principale;

1° proposition coordonnée secondaire; 2° proposition principale.

Les mots sont divisés en trois classes : 1° les noms, 名 *na*;

2° les verbes, 詞 *kotoba*, qui correspondent à nos verbes et à nos adjectifs, les uns et les autres revêtant différentes formes qui constituent une conjugaison; 3° les particules, 天爾遠波 *teniwoha*, qui s'attachent aux noms ou aux verbes pour former des cas ou des temps.

Application de ces principes au texte cité :

mei toku wo, complément direct, précède *akiraka ni suru*, verbe;

akiraka ni suru ni, verbe servant de complément, précède *ari*, verbe final;

todomari wo, complément direct, précède *sirite*, verbe au gérondif, qui précède à son tour la proposition principale : *sikausite noti sadamaru ari*.

On remarquera spécialement les faits suivants :

tao, que nous tenons pour le sujet des trois verbes *tsai*, est lu en japonais *miti ha;* cette particule *ha*, très fréquente, a pour effet d'attirer l'attention sur le mot ou la proposition qui précède; elle a une valeur disjonctive, oppositive, et peut se traduire par *quant à;* lorsqu'elle est répétée, elle répond bien au grec μέν... δέ..... Souvent le mot ainsi disjoint devient sujet en français, mais il n'en est pas toujours ainsi; et l'on s'exposerait à de graves et fréquents contresens, si l'on regardait *ha* comme marque du nominatif. En réalité le verbe japonais est impersonnel et se passe très souvent de sujet : l'action a lieu par rapport à une personne (*ha*, disjonctif), par le moyen d'une personne (instrumental), dans une personne (locatif), comme propriété d'une personne (génitif). La phrase chinoise est, en général, assez amorphe, pour se prêter également à la traduction japonaise et à la traduction française.

sikausite, correspondant à *eul*, est superflu dans la phrase japonaise (c'est pourquoi je l'ai mis entre crochets); encore au XVIIᵉ siècle, m'a-t-on affirmé, la phrase se lisait : *todomari wo sirite, noti*, etc., ce qui a exactement le même sens et est plus japonais. Mais on a trouvé que *eul* était insuffisamment rendu par la forme gérondive de *sirite* et l'on a voulu avoir un mot japonais pour répondre à chaque mot chinois.

neng est traduit en français par le verbe pouvoir; le japonais le rend par *yoku*, forme correspondant à un adverbe et signifiant bien, capablement; en qualité d'adverbe, *yoku* reste devant le verbe principal de la phrase : on voit ici une divergence sensible dans le rôle attribué aux caractères par les traducteurs européens et japonais.

II.

LIVRE DES ODES,

詩經, ch. *Chi king*, jap. *Si kiyau* (國風, 召南, ode 草蟲).

我心則說。 止亦既覯止。 憯亦既見。 君子憂心憯。 采其蕨未見。 陟彼南山言。

LECTURE CHINOISE.

⁵Tchi ¹pi NAN CHAN, yen ²tshai ³khi kiue. ⁶⁻⁸Oei ⁷kien ⁶KIUN TSEU, YEOU SIN TCHO TCHO. Yi ki kien TCHI, yi ki keou TCHI; oo sin tse yue.

LECTURE JAPONAISE.

¹Kano NAN ZAN *ni* ²nobor*i*, koko *ni* ³sono warabi *wo* ⁴tor*u*. ⁵Imada ⁶KUN SI *wo* ⁷mi ⁸zu, IU SIN TETU TETU *tari*. Mata sude *ni* mi, mata sude *ni* mir*u*; wa *ga* kokoro sunahati yorokob*u*.

TRADUCTION.

Je monte sur cette montagne du sud et j'y cueille de la fougère. Je ne vois pas encore mon seigneur et mon cœur mélancolique est rempli de tristesse. Encore je l'ai vu, et encore je l'ai vu. Mon cœur alors est joyeux.

NOTES.

Je ne répète pas désormais les indications générales données p haut et je me borne à insister sur quelques formes.

nobori..... *toru; mizu*..... *tari; mi*..... *miru*, sont des exemples de verbes appartenant, les premiers de chaque couple, à une proposition coordonnée secondaire, les seconds à une proposition principale : on voit que ces formes rendent la ponctuation inutile.

yen, équivaut, d'après les commentateurs chinois, à une particule de liaison; les Japonais le traduisent par *koko ni*, ici; *yen* est quelquefois pris dans le sens de *ware*, je; peut-être est-ce de là que l'on a tiré le sens ici, en raison du rapport étroit existant, dans la langue japonaise, entre les racines démonstratives *ko, so, ka* (ou *a*) et les trois personnes du pronom.

oei, doit être lù deux fois : une fois à sa place avec la prononciation *imada* pas encore; une fois après *kien*, voir, jap. *mi*, pour en faire le négatif *mizu* : la négation est, en effet, toujours exprimée par un suffixe verbal, ainsi *kien = mi*, pou *kien = mizu*. *Oei* est peut-être le seul caractère qui corresponde en japonais à deux mots employés simultanément.

ki, traduit par *sude ni*, n'est jamais, en japonais, qu'une marque du passé; le sens de la phrase expliquée ici se rapproche du conditionnel.

tchi, particule finale, disparaît dans la lecture japonaise.

Il est bon de remarquer, en outre, que la rime et le rythme disparaissent complètement; il en est de même pour toute poésie chinoise lue en japonais. Ici les rimes *kinĕ*, *tchŏ* et *yuĕ* (marquées par des croix ×) sont, la première au milieu d'une phrase, les autres à la fin et se lisent *warabi wo, tetu tari, yorokobu*.

MÉMOIRES HISTORIQUES,

史記, ch. *Chi ki*, jap. *Si ki* (三皇本紀 de 司馬貞).

履大人迹於雷澤而生　庖犧於成紀⋯⋯仰則　觀象於天俯則觀法　於地旁觀鳥獸之文　與地之宜近取諸身　遠取諸物

LECTURE CHINOISE.

⁴Li ¹TA JEN tsi ³yu ²LEI TSE, EUL ⁸cheng ⁵PHAO HI ⁷yu ⁶TCHHENG KI .... Yang, TSE ¹²koan ⁹siang ¹¹yu ¹⁰THIEN, fou, TSE ¹⁶koan ¹³fa ¹⁵yu ¹⁴TI. Phang ²⁰koan ¹⁷NIAO CHEOU tchi OEN ¹⁹yu ¹⁸TI tchi YI; kin ²²tshiu ²¹tchou chen, yuen ²⁴tshiu ²³tchou oou.

LECTURE JAPONAISE.

¹DAI ZIN *no* ato *wo* ²RAI TAKU ³ni ⁴humi*te*, [sikausite] ⁵HAU GI *wo* ⁶SEI KI ⁷ni ⁸um*u* .... Ahu*geba*, [sunahati] ⁹katati *wo* ¹⁰TEN ¹¹ni ¹²mi; hu*seba*, [sunahati] ¹³nori *wo* ¹⁴TI ¹⁵ni ¹⁶mir*u*. Amane*ku* ¹⁷TEU ZIU NO BUN *to* ¹⁸TI NO GI ¹⁹to *wo* ²⁰mi; tika*ku* ²¹kore *wo* mi ni ²²tori, toho*ku* ²³kore *wo* mono ni ²⁴tor*u*.

TRADUCTION.
(D'après M. Chavannes, vol. 1, p. 5 et suiv.)

Elle marcha dans les empreintes de pas d'un géant auprès du marais de Lei, et c'est à la suite de cela qu'elle enfanta

Phao hi à Tchheng ki ..... Levant la tête, il contempla les figures qui se trouvent dans le ciel ; baissant la tête, il contempla les formes qui sont sur la terre. Autour de lui, il contempla les bigarrures des oiseaux et des animaux, ainsi que ce qui convient au sol. Au près, il prit en considération toutes les parties de son corps ; au loin, il prit en considération tous les êtres.

NOTES

ahugeba = yang, huseba = fou sont mis en japonais au mode que l'on nomme conditionnel (mode subordonné avec puisque, parce que). Ce mode suffirait à indiquer la relation que le chinois tourne différemment au moyen de *tse*; mais ce dernier mot est traduit littéralement par *sunahati*, pour ne laisser aucun caractère sans traduction.

yu thien ..... *yu ti,* entre les caractères de chacun de ces deux groupes, on trouve le crochet qui indique l'inversion (*thien yu* ..... *ti yu*) et le chiffre 一 qui place l'expression avant le verbe affecté du chiffre 二.

koan niao cheou; etc., on lit d'abord les mots qui n'ont pas de numéro (*niao cheou tchi oen*), puis ceux qui ont le numéro 一 (*ti tchi yi*), ensuite le caractère qui porte le numéro 二 (*yu*) et enfin le verbe qui est affecté du 三 (*koan*). Le premier to est écrit en *kana*; le second correspond à *yu,* dont il est la traduction exacte. *Wo,* marque de l'accusatif, est en *kana* : on notera que le japonais ne craint pas d'accumuler les postpositions.

tchou est rendu par *kore,* ceci, mis à l'accusatif ; *chen = mi, oou = mono* sont mis au datif ; il y a de nouveau divergence entre le japonais et le français ; mais en réalité, *tchou* peut souvent être rangé parmi les particules dites explétives et les seuls compléments qui importent au sens, sont *chen* et *oou,* qu'ils soient compléments directs ou indirects.

MÉMOIRES HISTORIQUES,

史記, ch. *Chi ki*, jap. *Si ki* (五帝本紀, à la fin, dans le paragraphe où Seu ma Tshien, 司馬遷, prend la parole).

堯舜ヲ之上處ニ。　往往ニ稱スル黃帝　下至ル長老皆各

LECTURE CHINOISE.

⁵Tchi ¹tchang lao kiai ko oang oang ³tchheng ²hoang ti yao choen *tchi* ⁴tchhou.

LECTURE JAPONAISE.

¹Tiyau rau mina wono wono wau wau ²kuwau tei geu siyun *wo* ³siyau suru ⁴tokoro ni ⁵itaru.

TRADUCTION.

(D'après M. Chavannes, vol. I, p. 95.)

Lorsque je m'adressais aux notables et aux vieillards, tous, pris chacun à part, me parlaient communément des localités où se trouvèrent Hoang ti, Yao et Choen.

Ici la traduction japonaise est très différente et donne en français le sens suivant :

Je suis allé dans des localités dont les notables et les vieillards, tous, pris chacun à part, me parlaient fréquemment de Hoang ti, Yao et Choen.

NOTES.

Le verbe *tchheng*, rendu par *siyau suru*, a pour sujet *tiyau rau = tchang lao*, pour compléments indirects et direct *kiai ko oang*

oang = mina wono wono wau wan et hoang ti yao choen = kuwau tei geu siyun; ce verbe est regardé, en japonais, comme un participe qualifiant, tchhou = tokoro; enfin tchi = itaru est rejeté à la fin de la phrase et devient verbe de la proposition principale.

Au point de vue chinois, la traduction de M. Chavannes est parfaitement correcte : kiai joue toujours le rôle d'un pronom sujet, la phrase doit donc être séparée en deux propositions, tchi étant le verbe de la première et tchheng, le verbe de la seconde. C'est d'ailleurs, l'avis qu'a bien voulu aussi m'exprimer M. Devéria. Pour le japonais, kiai = mina n'est jamais sujet : du moins, je ne l'ai jamais vu en cette qualité; je l'ai trouvé quelquefois comme complément, et presque toujours jouant le rôle d'un adverbe qui modifie le verbe suivant; ce serait donc une extension abusive de la syntaxe japonaise qui aurait amené l'éditeur à ce contresens. La seule conclusion à tirer de ce conflit, c'est que les traductions japonaises offriront souvent aux sinologues un secours efficace et leur créeront plus d'une fois des embarras.

III

Je vais maintenant donner trois exemples du style fort mêlé de chinois qui est la langue écrite la plus usitée au Japon depuis vingt-cinq ans et qui ne saurait présenter de graves difficultés aux sinologues.

EXTRAIT D'UNE DÉPÊCHE
DU MINISTÈRE DES AFFAIRES ÉTRANGÈRES DU JAPON.

對シ貴國外務

大臣閣下ヨリ貴下

ヘ電訓有之候旨

ヲ以テ謁見被成度

旨御申出ノ趣遂

奏聞候處

LECTURE CHINOISE.

(Les tirets remplacent les syllabes en *kana*.)

..... TOEI — KOEI KOE OAI OOU TA TCHHEN KO HIA — KOEI HIA — TIEN HIUN ²yeou ¹tchi heou tchi — yi — YE KIEN ⁴pei ³tchheng tou tchi YU CHEN TCHHOU — tshiu ⁷soei ⁵TSEOU ⁶ORN heou tchhou.....

LECTURE JAPONAISE.

..... TAI *si*, KI KOKU GUWAI MU DAI ZIN KAKU KA *yori* KI KA *he* DEN KUN ¹kore ²ari sahurahu mune *wo motite*, ETU KEN ³nas⁴aretaki mune GO SIN SIYUTU *no* omomuki ⁵SOU ⁶MON *wo* ⁷toge sahurahu tokoro.....

TRADUCTION.

En réponse à ....., en raison de l'idée qui est celle des instructions télégraphiques (adressées) à vous par S. E. le Ministre des Affaires étrangères de votre pays, comme (j')ai porté à la connaissance de S. M. le but de votre déclaration de l'idée que vous désirez être reçu en audience, ...

NOTES.

Les *okurigana* font ici partie du texte; il ne reste que quelques *kaheriten* que l'on supprime souvent, même s'il y a des inversions à faire : d'ailleurs elles sont peu nombreuses et l'ordre suivi est presque partout conforme à la syntaxe japonaise. On a quelquefois à suppléer une particule non écrite, par exemple *wo* après *sou mon*. Les phrases de ce style sont très longues : dans le texte cité, la phrase complète n'a pas moins de 81 caractères idéographiques, plus un certain nombre de syllabes en *kana*; elle se compose de 7 propositions, une principale qui est la dernière, une coordonnée secondaire qui se termine par *tai si*, et cinq subordonnées rattachées aux autres par des mots jouant le rôle de conjonctions (者 *ha*, 節 *setu*, 以テ *motite*, 處 *tokoro*, 間 *ahida*); toute la lettre se composé de cette seule phrase, plus une courte formule pour le commencement et une pour la fin.

La syntaxe est purement japonaise et très éloignée du chinois. Quant aux mots, ceux qui expriment les relations et forment le squelette de la phrase, c'est-à-dire ceux qui sont en *kana* et quelques-uns des autres (ici 候, 以, 被, 度, 處) s'écartent beaucoup de leur emploi primitif; parmi les autres, je ne vois guère que *soci* = *toge*, signifiant effectuer (effectuer le fait de faire entendre à S. M.) qui offre un sens un peu spécial.

JOURNAL OFFICIEL DU JAPON,

官報, *Kwan hau* (n° du 4 janvier 1894).

曩ニ發行停止セラ
レタルノ┃叢談
ハ本月一日中央
新聞ハ一昨二日。
日本ハ昨三日就
モ解停セラレタリ

LECTURE JAPONAISE.

Saki *ni* HATU KAU TEI SI *seraretaru tanosimi* SOU DAN *ha* HON GETU ITI NITI, TIU YAU SIN BUN *ha* ITU SAKU *hutuka*, NITU HON *ha* SAKU *mituka idure mo* KAI TEI *seraretari*.

TRADUCTION.

Levée de suspension a été faite pour le Tanosimi sou dan le 1ᵉʳ janvier, pour le Tiu yau sin bun avant-hier 2, pour le Nitu hon hier 3, publications précédemment suspendues.

NOTES.

Dans ce texte, comme dans le précédent et dans la plupart des écrits modernes, les mots prononcés à la chinoise sont très nombreux en dehors même des noms propres. La phrase est écrite exactement dans l'ordre japonais, il ne reste donc plus même de crochets d'inversion; il n'y a pas de démarcation bien nette entre ce style, qui est aussi celui des textes législatifs, et celui des communications officielles : ce dernier est pourtant plus compliqué, étant alourdi par de nombreuses formules de politesse.

itu saku : les expressions employées ici seraient compréhensibles en chinois, à l'exception de *itu saku* signifiant avant-hier. Mais on trouve fréquemment des alliances de caractères qui sont purement japonaises et qui, en chinois, ou n'ont aucun sens ou ont un sens très différent, ainsi : 案内 *an nai*, guider, indications qui guident; 分母 *bun bo*, dénominateur d'une fraction.

tanosimi plaisir, joie, ce mot est écrit en *hiragana* 平假名, au lieu du *katakana* 片假名, que nous avons vu jusqu'ici, afin de le faire ressortir, puisque c'est ici un nom propre; le *hiragana* équivaut dans ce cas à nos italiques; il est rare dans le Journal officiel, il est au contraire de règle dans la plupart des autres journaux, dont le style est moins teinté de chinois. D'une façon générale, le *hiragana* moderne, imprimé avec des caractères mobiles, est très net et ne présente pas de formes difficiles.

ha, placé après les noms des journaux, correspond bien nettement à quant à, ou à μέν... δέ... δέ, et n'indique nullement le sujet.

idure mo, n'importe lequel, donc tous : *mo* est une particule conjonctive, dont l'effet est exactement opposé à celui de *ha;* elle indique que le mot, la phrase qui précèdent, font partie d'une série et ne sont pas considérés à part.

seraretaru, *seraretari*, participe et conclusif du parfait passif du verbe *suru* faire.

HISTOIRE DE L'OUVERTURE DU PAYS AUX ÉTRANGERS,

開國始末, *Kai koku si matu* (édition in-8° de 1887, p. 188).

此の如き順序を經て繼嗣外交の二事一時ふ決シたりといへども、この二事ふ關すろの異議は是と共ふ消滅なさるありり

LECTURE JAPONAISE.

Kaku *no* gotoki ZIYUN ZIYO *wo* hete, KEI SI-GUWAI KAU *NO* NI ZI ITI ZI *ni* KETU *sitari to* ihedomo, kono NI ZI *ni* KUWAN *suru no* I GI *ha,* kore *to* tomo *ni* SEU METU *sezaru nari.*

TRADUCTION.

Ayant passé par une telle série (de faits), bien que les deux questions de la succession et des relations étrangères eussent été réglées à la fois, quant aux divergences d'opinion relatives à ces deux questions, il y eut le non-s'éteindre en même temps que cela.

NOTES.

Ici le *hiragana* est devenu de règle et le *katakana* n'apparaîtrait que pour jouer le rôle de nos italiques; les expressions chinoises, encore assez nombreuses, sont prises dans un sens très normal. L'ouvrage d'où cette phrase est tirée, passait, dans ces dernières années, pour un modèle de bon style japonais contemporain.

hete est au gérondif, forme qui indique une proposition subordonnée avec le sens de simultanéité ou de conséquence.

to ihedomo indique un verbe au concessif, c'est-à-dire un verbe subordonné au moyen de quoique.

sezaru, participe négatif de *suru* faire, jouant le rôle d'un substantif : l'action de ne pas faire.

nari, verbe au conclusif, il y a, il y eut.

IV

J'ajoute ci-dessous des tableaux qui permettront de trouver les terminaisons, les particules, les mots auxiliaires les plus fréquents et à l'aide desquels celui qui connaît les caractères chinois, pourra se rendre compte, dans les parties essentielles, de la texture de la phrase japonaise. Comme mon but présent est seulement de mettre à la portée de tous les sinologues les textes du genre de ceux que j'ai expliqués, je me bornerai à noter les principales formes et particules employées, sans en rechercher l'origine ni en examiner la correction.

I. Inflexions verbales ou bases.

II. Terminaisons de dérivation verbale.

III. Suffixes de nature verbale.

IV. Suffixes invariables.

V. Principales formes de la conjugaison.

VI. Expressions auxiliaires.

Tableau I.

INFLEXIONS VERBALES OU BASES.

1ʳᵉ CLASSE.

Radical....	yo	善	asi	惡
1° conclusif.	yosi	| シ	asi	|
2° indéfini..	yoku	| ク	asiku	| ク
3° participe.	yoki	| キ	asiki	| キ
4° négatif...	yoku	| ク	asiku	| ク
5° parfait...	yokere	| クレ	asikere	| クレ
Impératif...	....		....	

2ᵉ CLASSE, 1ʳᵉ CONJUGAISON.

Radical....	[yuk]		[os]	[wakat]
1° conclusif.	yuku 行ク		osu 押ス	wakatu 分ツ
2° indéfini..	yuki	| キ	osi | シ	wakati | チ
3° participe.	yuku	| ク	osu | ス	wakatu | ツ
4° négatif...	yuka	| カ	osa | サ	wakata | タ
5° parfait...	yuke	| ケ	ose | セ	wakate | テ
Impératif...	yuke	| ケ	ose | セ	wakate | テ

2ᵉ CLASSE, 1ʳᵉ CONJUGAISON (fin).

Radical....	[tob]		[yom]	[sar]
1° conclusif.	tobu 飛ブ		yomu 讀ム	saru 去ル
2° indéfini..	tobi	| ビ	yomi | ミ	sari | リ
3° participe.	tobu	| ブ	yomu | ム	saru | ル
4° négatif...	toba	| バ	yoma | マ	sara | ラ
5° parfait...	tobe	| ベ	yome | メ	sare | レ
Impératif...	tobe	| ベ	yome | メ	sare | レ

2ᵉ CLASSE, 2ᵉ CONJUGAISON.

Radical....	—		[uk / ik]		[makas]		[tat / ot]	
1° conclusif.	u	得(ウ)	{uku / iku}	受ク / 生ク	makasu	任ス	{tatu / otu}	立ツ / 落ツ
2° indéfini.	e	(エ)	{uke / iki}	受ケ / 生キ	makase	セ	{tate / oti}	立テ / 落チ
3° participe.	uru	ル	{ukuru / ikuru}	受クル / 生クル	makasuru	スル	{taturu / oturu}	立ツル / 落ツル
4° négatif..	e	(エ)	{uke / iki}	受ケ / 生キ	makase	セ	{tate / oti}	立テ / 落チ
5° parfait..	ure	レ	{ukure / ikure}	受クレ / 生クレ	makasure	スレ	{tature / oture}	立ツレ / 落ツレ
Impératif..	e yo	ヨ	{uke yo / iki yo}	受ケヨ / 生キヨ	makase yo	セヨ	{tate yo / oti yo}	立テヨ / 落チヨ

2ᵉ CLASSE, 2ᵉ CONJUGAISON (suite).

Radical....	[kan]		[h / sih]		[tutom / uram]		
1° conclusif.	kanu	兼ヌ	{hu / sihu}	歷フ / 強フ	tutomu / uramu	勤ム / 恨ム	
2° indéfini..	kane	ネ	{he / sihi}	歷ヘ / 強ヒ	tutome / urami	勤メ / 恨ミ	
3° participe.	kanuru	ヌル	{huru / siburu}	歷ル / 強フル	tutomuru / uramuru	勤ムル / 恨ムル	
4° négatif...	kane	ネ	{he / sihi}	歷ヘ / 強ヒ	tutome / urami	勤メ / 恨ミ	
5° parfait...	kanure	ヌレ	{bure / sihure}	歷レ / 強フレ	tutomure / uramure	勤ムレ / 恨ムレ	
Impératif...	kane yo	ネヨ	{he yo / sihi yo}	歷ヨ / 強ヒヨ	tutome yo / urami yo	勤メヨ / 恨ミヨ	

2ᵉ CLASSE, 2ᵉ CONJUGAISON (fin).

Radical	[oboy mukuy]		[osor kor]		[uw]		
1° conclusif .	oboyu mukuyu	覺ユ 報ユ	osoru koru	恐ル 懲ル	uu	植ウ	
2° indéfini ..	oboe mukui	覺エ 報イ	osore kori	恐レ 懲リ	uwe	] ヱ	
3° participe.	oboyuru mukuyuru	覺ユル 報ユル	osoruru koruru	恐ルル 懲ルル	uuru	] ウル	
4° négatif..	oboe mukui	覺エ 報イ	osore kori	恐レ 懲リ	uwe	] ヱ	
5° parfait ..	oboyure mukuyure	覺ユレ 報ユレ	osorure korure	恐ルレ 懲ルレ	uure	] ウレ	
Impératif...	oboe yo mukui yo	覺エヨ 報イヨ	osore yo kori yo	恐レヨ 懲リヨ	uwe yo	] ヱヨ	

2ᵉ CLASSE, 3ᵉ CONJUGAISON.

Radical	[i]		[ki]		[ni]	
1° conclusif .	iru	鑄ル	kiru	着ル	niru	似ル
2° indéfini ..	i	] (イ)	ki	] (キ)	ni	] (ニ)
3° participe .	iru	] ル	kiru	] ル	niru	] ル
4° négatif...	i	] (イ)	ki	] (キ)	ni	] (ニ)
5° parfait...	ire	] レ	kire	] レ	nire	] レ
Impératif...	i yo	] ヨ	ki yo	] ヨ	ni yo	] ヨ

2ᵉ CLASSE, 3ᵉ CONJUGAISON (fin).

Radical	[hi]		[mi]		[wi]	
1° conclusif ..	hiru	乾ル	miru	見ル	wiru	居ル
2° indéfini ..	hi	] (ヒ)	mi	] (ミ)	wi	] (ヰ)
3° participe.	hiru	] ル	miru	] ル	wiru	] ル
4° négatif...	hi	] (ヒ)	mi	] (ミ)	wi	] (ヰ)
5° parfait...	hire	] レ	mire	] レ	wire	] レ
Impératif...	hi yo	] ヨ	mi yo	] ヨ	wi yo	] ヨ

IRRÉGULIERS.

	[ar]	[in]	[k]	[s]
Radical....				
1° conclusif.	ari 有 リ	inu 往 ヌ	ku 來 (ク)	su 爲 (ス)
2° indéfini..	ari ｜ リ	ini ｜ ニ	ki ｜ (キ)	si ｜ (シ)
3° participe.	aru ｜ ル	inuru ｜ ヌル	kuru ｜ ル	suru ｜ ル
4° négatif...	ara ｜ ラ	ina ｜ ナ	ko ｜ (コ)	se ｜ (セ)
5° parfait...	are ｜ ∨	inure ｜ ヌ∨	kure ｜ ∨	sure ｜ ∨
Impératif...	are ｜ ∨	ine ｜ ラ	ko.yo ｜ ヨ	se.yo ｜ ヨ

S'emploient substantivement : 1° le thème verbal ; dans la 1re classe, il se confond avec le radical ; dans la 2e avec l'indéfini ; il a le sens d'un nom abstrait, quelquefois d'un nom d'agent ; 2° la 2e base correspondant à certains emplois de l'infinitif français ; 3° la 3e base correspondant à un nom d'agent ou à un nom d'action : *yomu* = le liseur et aussi la lecture (le fait de lire).

En qualité de verbe : le conclusif est le verbe de la proposition principale ; il n'est d'aucun temps et d'aucun mode ; par opposition aux formes à suffixes, il correspond souvent au présent ; il est toujours à la fin de la phrase.

L'indéfini n'est d'aucun mode ni d'aucun temps, mais représente le mode et le temps du premier verbe qui le suit ; il ne peut se trouver que dans une proposition secondaire.

Le participe se joint aux substantifs comme qualificatif et sert à remplacer nos propositions relatives ; il correspond souvent au temps présent. Il remplace le conclusif d'une proposition principale dans quelques cas spéciaux.

Le négatif n'est jamais employé sans suffixes.

Le parfait remplace dans quelques cas le conclusif d'une proposition principale; le plus souvent, il se joint à des suffixes.

La conjugaison ne tient aucun compte des personnes, des genres ni des nombres; elle se fait par l'adjonction de suffixes aux différentes bases : dans la 2ᵉ classe, l'adjonction se fait directement, avec élision de la voyelle finale, ou de l'initiale, ou avec contraction, pour éviter l'hiatus; les verbes de la 1ʳᵉ classe ne prennent directement que les suffixes *ba, mo, domo, te;* tous leurs autres temps se forment avec l'auxiliaire *aru*, être.

EXEMPLES DE FORMES A SUFFIXES.

```
yokare            = yoku-are
yokariki          = yoku-ari-ki
yokarazaru        = yoku-ara-zu-aru
yokaru bekariki         = yoku-aru-beku-ari-ki
yokaru bekarazuba       = yoku-aru-beku-ara-zu-ba
yokaru bekarazareba     = yoku-aru-beku-ara-zu-are-ba
yokaru bekarazaredomo   = yoku-aru-beku-ara-zu-are-do-mo
yukeri            = yuki-ari
yukinaba          = yuki-ina-ba
yukitariki        = yuki-te-ari-ki
yukazarisikaba          = yuka-zu-ari-sika-ba
yukazarisikadomo        = yuka-zu-ari-sika-do-mo
yuku bekarazaredomo     = yuku-beku-ara-zu-are-do-mo
```

Tableau II.

TERMINAISONS DE DÉRIVATION VERBALE.

a. Les sens transitif et intransitif d'un radical sont distingués par une légère variation dans la forme du mot. Cette variation se fait sans règles précises. Exemples :

Intrans..	Tatu, ti	立ヤ	être debout.
Trans....	Taturu, te	立ツル	dresser.
Intrans...	Ugoku, ki	動ケ	être en mouvement.
Trans....	Ugokasu, si	動ス	mettre en mouvement.
Intrans...	Yoru, ri	寄ル	s'approcher, s'assembler.
Trans....	Yosuru, se	寄スル	rassembler.
Intrans...	Kiruru, re	切ルル	être discontinu.
Trans....	Kiru, ri	切ル	couper.
Intrans...	Tugaru, ri	繼ル	être continu.
Trans....	Tugu, gi	繼ゲ	suivre, succéder à.
Intrans...	Iduru, de	出ヅル	sortir.
Trans....	Idasu, si	出ス	tirer, sortir quelque chose.
Intrans...	Sadamaru, ri	定ル	être fixe.
Trans....	Sadamuru, me	定ムル	fixer.
Intrans...	Noburu, bi	伸ブル	être étendu, s'étendre.
Trans....	Noburu, be	伸ブル	étendre.

b.

ACTIF.	CAUSATIF.	POTENTIEL-PASSIF.

1ʳᵉ conjugaison.

Yuku	行ク	Yukasuru, se Yukasimuru, me	行ガスル 行カレムル	令行	Yukaruru, re 行カルル, 被行

ACTIF.		CAUSATIF.		POTENTIEL-PASSIF.
		2ᵉ conjugaison.		
Ukuru 受クル	{ Ukesasuru, se Ukesimuru, me	受ケサズル 受ケレムル	} 令受 {	Ukeraruru, re 受ケラルル, 被受
		3ᵉ conjugaison.		
Miru 見ル	{ Misasuru, se Misesimuru, me	見ザスル 見セレムル	} 令見 {	Miraruru, re 見ラルル, 被見
		Irréguliers.		
Aru 有ル	{ Arasuru, se Arasimuru, me	有ラスル 有ラレムル	} 令有 {	Araruru, re 有ラルル, 被有
Inuru 往ヌル	{ Inasuru, se Inasimuru, me	往ナスル 往ナレムル	} 令往 {	Inaruru, re 往ナルル, 被往
Kuru 來ル	{ Kosasuru, se Kosimuru, me	來サスル 來レムル	} 令來 {	Koraruru, re 來ラルル, 被來
Suru 爲ル	{ Sesasuru, se Sesimuru, me	爲サスル 爲レムル	} 令爲 {	Seraruru, re 爲ラルル, 被爲

On trouve même des passifs de causatifs; ex.: *araseraruru*, 被令有.

Le causatif indique que l'action est faite non par le sujet directement, mais par l'intermédiaire d'un agent qui se met au datif.

Le potentiel-passif a deux sens : *ukeraruru* signifie soit pouvoir recevoir (potentiel), soit être reçu (passif); le nom de l'instrument, de l'agent se met au datif. Le potentiel et le potentiel du causatif ont souvent un sens honorifique.

c. Les verbes de la 1ʳᵉ classe forment des verbes dérivés appartenant à la 2ᵉ classe. Exemples :

Siroki, ku	白キ		être blanc.
Siromu, mi	白ム	} devenir blanc.	
Siromaru, ri	白マル		
Siromuru, me	白ムル		rendre blanc.

Hosiki, ku	欲キ		être désireux.
Hosigaru, ri	欲ガル	être désireux d'une façon habituelle.	

Tableau III.

SUFFIXES DE NATURE VERBALE.

N. B. Les caractères chinois employés comme suffixes, de nature verbale ou autre, sont susceptibles de conserver leur valeur chinoise avec une lecture japonaise ou sino-japonaise.

		1ʳᵉ base.		2ᵉ base.	3ᵉ base.	4ᵉ base.	5ᵉ base.	Sens.
a. Se joignant à la 1ʳᵉ base (*si, ku, u, ru*)		nari	也, ナリ	nari	naru	nara	nare	simple affirmation.
		meri	メリ	meri	meru	mera	mere	doute.
		ran	ラン	ran	ran	......	......	doute.
		ramu	ラム	ramu	ramu			
		rasi	如, ラシ	......	......	......	......	vraisemblance.
		besi	可シ, ベシ	beku	beki	beku	bekere	} probabilité, possibilité, nécessité.
		mazi	不可, マジ	maziku	maziki	maziku	mazikere	contraire du précédent.

Tableau III (fin).

		1ʳᵉ base.	2ᵉ base.	3ᵉ base.	4ᵉ base.	5ᵉ base.	Sens.
b.	Se joignant à la 2ᵉ base (ku, ki, e, i)	tu tari タリ nu ス keri ケリ ki キ tasi 度シ, タシ	te tari ni keri ...... taku	turu taru nuru keru si taki	te tara na kera ke / se taku	ture tare nure kere sika [1] takere	achèvement de l'action, sens parfait. presque le même sens. achèvᵗ de l'action, sens parfait. sens passé avec nuance illative. sens aoriste. sens désidératif.
c.	Se joignant à la 3ᵉ base (ki, ka, uru, ru)	....	....	aku ア ク [2]	....	....	exprime le fait de; ex.: yokeku, le fait d'être bon; yukaku, le fait d'aller.
d.	Se joignant à la 4ᵉ base (ku, ka, e, i)	zu zari n ン mu ム zi ジ	zu zari de 弖 n mu zi	nu zaru n mu zi	zu zara	ne zare .... me zi	négation. négation. négation. futur, probabilité. futur négatif, improbabilité.
e.	Se joignant à la 5ᵉ base (kere, he, ure, re)	ri リ	ri	ru	ru	re	sens passé.

[1] Formes en keru et en seba. — [2] Ce suffixe pourrait donner lieu à une longue discussion; il n'est fréquent que dans des expressions toutes faites, par exemple 曰ク, ihaku, introduisant une citation, etc.

J. As. Extrait n° 15. (1897.)

Tableau IV.

SUFFIXES INVARIABLES.

(*N. B.* Voir le *N. B.* du tableau III.)

a. Se joignant aux verbes et aux suffixes de nature verbale.

À LA 1re BASE.

to ト	que; introduit une citation, remplace les guillemets.
tomo トモ, 圧, 共	même si.
to ihedomo { トイヘドモ / ト雖モ }	quoique, bien que.
ya ヤ, 乎, 哉, 耶	interrogatif ou exclamatif.
ya inaya { ヤイナヤ / ヤ否 }	dès que.

À LA 2e BASE.

ba (ba) ハ, 者	(après *zu*, *ku*) si hypothétique. (après *te*) particule disjonctive, quant à.
mo モ	
tomo トモ, 圧, 共	même si.
nagara ナガラ, 乍	en même temps que.

À LA 3e BASE.

to ト	que, etc.; même sens que plus haut, quand la syntaxe exige le verbe au participe.
to ihedomo { トイヘドモ / ト雖モ }	quoique, bien que.
mo モ	même si.
ni ニ	marquent un opposition faible : sur quoi, là-dessus, mais.
wo ヲ	

kara	カラ	après que.
ka	カ, 乎	interrogatif; si dubitatif.
na	ナ	forme l'impératif prohibitif.

À LA 4ᵉ BASE.

ba	バ, 者	particule disjonctive, si hypothétique.
baya	バヤ	forme l'optatif.

À LA 5ᵉ BASE.

to	ト	que, etc.; comme plus haut, quand la syntaxe exige le verbe au parfait.
do	ド	bien que, quoique.
domo	ドモ, 共	
ba	バ, 者	particule disjonctive; quand, puisque, en tant que.

b. S'attachant aux noms.

no	ノ, 之	de; partitif, génitif; sujet.
ga	ガ	de; possessif, génitif; sujet.
ni	ニ, 於	à; datif, locatif, instrumental; énumératif; forme des adverbes.
ni ha	ニハ	locatif; sujet.
nite	ニテ	étant; instrumental, locatif.
de	デ	
he	ヘ	vers; marque la direction.
made	マデ, 迄	jusqu'à.
kara	カラ	depuis (ablatif). Écrit 自, ou 因, il se place devant le nom et se lit après lui.
yori	ヨリ	depuis (ablatif); que, comparatif. 從, 因, même remarque que pour kara.
to	ト	et, avec; conjonctif et énumératif; introduit une citation, forme des adverbes. 與, même remarque que pour kara.

ya, yo	ヤ, ヨ	vocatif.
wo	ヲ	exclamatif, marque l'accusatif.
ra	ラ, 等	
domo	ドモ, 仁, 共	
tati	タチ, 等	marques de pluriel.
gata	ガタ, 方	
siyu	シユ, 衆	
nado	ナド, 抔, 等	et cætera.
ha	ハ, 者	disjonctif : quant à; se met après un nom, un verbe, une autre particule, toute une phrase.
mo	モ, 亦	conjonctif: aussi, même; répété et avec un négatif, il équivaut à ni... ni; 誰モ, n'importe qui, et avec un négatif, personne.
ka	カ, 乎	dubitatif : 誰カ, quelqu'un.
zo	ゾ	emphatique, insiste sur un mot ou une phrase qui précèdent.
koso	コソ	
sahe	サヘ	même, si peu que ce soit, seulement (plutôt avec le sujet).
sura	スラ	
dani	迄	même sens (avec le complément indirect).
damo	ダモ	même sens (avec le complément direct).
bakari	計, バカリ	seulement.
nomi	而已, ノミ	même sens, à la fin d'une phrase.
nagara	乍, ナガラ	tel que, sans changement.
dutu	宛, 充, ヅツ	à la fois.

Tableau V.
PRINCIPALES FORMES DE LA CONJUGAISON.

		1re CLASSE.		2e CLASSE.	
		Affirmatif.	Négatif.	Affirmatif.	Négatif.
Impératif.............		yokare 善カレ	....	yuke 行ケ (ake yo)	yukazare, yuku nakare, yuku na
Indéfini..............		yoku	yokarazu	yuki	yukazu, yukazu ni
Gérondif.............		yokute	....	yukite	yukade
Temps certains (présent-futur certain; temps passés).					
Mode direct. Présent-fut.	Conclusif	yosi	yokarazu	yuku (uku)	yukazu
	Participe	yoki	yokarazaru	yuku (ukuru)	yukanu, yukazaru
Aoriste....	Conclusif	yokariki	yokarazariki	yukiki	yukazariki
	Participe	yokarisi	yokarazarisi	yukisi	yukazarisi
Parfait....	Conclusif	....	....	yukinu (uketu)	(ukezaritu)
	Participe	....	....	yukinuru (uketuru)	(ukezarituru)

Tableau V (suite).

		1re CLASSE.		2e CLASSE.	
		Affirmatif.	Négatif.	Affirmatif.	Négatif.
Mode direct (fin).	Parfait... { Conclusif	....	....	yukitari	....
	Participe	....	....	yukitaru	....
	Passé..... { Conclusif	....	....	yukeri	....
	Participe	....	....	yukeru	....
	Aoriste du { Conclusif	....	....	yukitariki	....
	parfait... Participe	....	....	yukitarisi	....
	Temps incertains (présent-futur incertain ; futurs passés).				
	Présent-fut. { Conclusif	yokaran	yokazaran	yukan	yukazaran
	Participe				yukazi
	Aoriste.... { Conclusif	....	....	yukiken	yukazariken
	Participe	....	....		
	Parfait... { Conclusif	....	....	yukinan-(uketen)	(ukezariten)
	Participe	....	....		
	Aoriste du { Conclusif	....	....	yukitariken	....
	parfait... Participe	....	....		
Mode illatif (sens { Conclusif		....	....	yukikeri	yukazari keri
aoriste)......... Participe		....	....	yukikeru	yukazari keru

TABLEAU V (suite).

		1re CLASSE.		2e CLASSE.	
		Affirmatif.	Négatif.	Affirmatif.	Négatif.
Mode potentiel	Conclusif	yokaru besi	yokaru bekarazu	yuku besi	yuku bekarazu
	Participe	yokaru beki	yokaru bekarazaru	yuku beki	yuku bekarazaru
Mode prohibitif	Conclusif	....	....	....	yuku mazi
	Participe	....	....	....	yuku maziki
Mode désidératif	Conclusif	....	....	yukitasi	....
	Participe	....	....	yukitaki	....

NOTA. — Le mode illatif est susceptible de prendre les formes des modes obliques ; les trois modes suivants se conjuguent comme des verbes de la 1re classe.

Mode oblique avec *ba*.

Temps certains (passé = conditionnel).

Présent	yokereba		yukeba	{ yukaneba
Aoriste	yokarisikaba	yokarazareba	yukisikaba	yukazareba
Parfait	....	yokarazarisikaba	yukitareba	yukazarisikaba
etc.				

TABLEAU V (fin).

	1ʳᵉ CLASSE.		2ᵉ CLASSE.	
	Affirmatif.	Négatif.	Affirmatif.	Négatif.
Mode oblique avec ba (fin).				
Temps incertains (futur = hypothétique).				
Présent	yoku ba	yokarazu ba	yukaba	yukazu ba
Aoriste	yokariseba	yokarazariseba	yukiseba (1)	yukazariseba
			yukisi naraba	yukazarisi naraba
Parfait	......	......	yukinaba	......
Parfait	......	......	yukitaraba	......
Optatif	......	......	yukabaya	......
Temps certains (concessif actuel).				
Présent	yokeredomo	yokarazaredomo	yukedomo	yukanedomo
			yuku to ihedomo	yukazaredomo
				yukazu to ihedomo
Aoriste	......	......	yukisikadomo	yukazarisikadomo
			yukisi to ihedomo	yukazarisi to ihedomo
Parfait	......	......	yukitaredomo	......
			yukitari to ihedomo	
Mode oblique avec mo.				
Temps incertains (concessif hypothétique).				
Présent	yoku mo	yokarazaru mo	yuku mo	yukazaru mo
Aoriste	......	......	yukisi mo	yukazarisi mo
Parfait	......	......	yukite mo	......

(1) Forme douteuse.

Tableau VI.

EXPRESSIONS AUXILIAIRES.
(*N. B.* Voir le *N. B.* du tableau III.)

a. Suffixes composés correspondant à des conjonctions, prépositions, etc.

no tohori	ノ通、ノトホリ	comme, d'après (se met aussi après un participe).
ni oite	ニ於テ	} locatif; sujet.
ni okeru	ニ於ル	
ni site	ニシテ、ニテ	comme, en qualité de.
ni tuite	ニ就テ、ニツイテ	en raison de.
ni tuki	ニ就キ、ニツキ	locatif.
ni tuki	ニ付キ、ニツキ	au sujet de, en raison de.
tuke, duke	附 ; ツク、ヅク	à la date de (après un substantif, sans marque de cas).
ni yori	ニヨリ、ニ依	} conformément à.
ni yorite	ニヨリテ、ニ依テ、ニ因、ニ由テ	
yorite	仍テ	en conséquence.
taru, ri (to aru)	タル	être : ex. 主人タル人, *siyu zin taru hito*; un homme qui est maître.
to site	トシテ、トテ	comme, en qualité de.
tote	トテ	disant que, admettant que, supposé que.
wo site	ヲシテ、ヲテ	en ce qui concerne; sujet.
wo motite	ヲモチテ、ヲモツテ、ヲ以テ、以	au moyen de, par suite de.

b. Substantifs jouant le rôle de conjonctions et

substantifs auxiliaires (ils sont précédés soit de *no*, soit d'un participe).

ahida	間, アヒダ	en (avec participe présent); comme.
uhe	上, ウヘ	en sus de, après avoir.
omomuki	趣, オモムキ	le sens, la teneur.
kata	方, カタ	le fait de (précédé directement d'un mot composé chinois).
gi	儀, 義	quant à l'affaire.
koto	事, コ, コト	la chose de, le fait de.
sai	際	lorsque, au cas de.
si dai	次第	en suite de, en conformité de.
setu	節	lorsque, au cas de.
dan	段	quant à l'affaire; 此段, *kono dan*, pour cette fois.
deu	條	comme, en.
toki	時, 片, ナ, ホキ	lorsque.
tokoro	處, 処, 所, トコロ	comme.
hadu	筈, ハヅ	nécessité, nécessairement, il faut (souvent 筈ニ, *hadu ni*).
mune	旨, ムチ	le sens, la teneur.
yau	樣, ヤウ	de façon à.

c. Verbes auxiliaires, etc.

asobasu, si	遊ス	honorifique, appliqué fréquemment à l'Empereur.
ahi naru, ri	相成ル	devenir, faire.
katagata	旁	à cette occasion, je saisis cette occasion pour.
kanuru, ne	兼ヌル	il est difficile de.
go za	御座ム, ゴザ (suivi de *aru* ou de *sahurahu*.)	honorifique.
gozaru, ri	ゴザル, 乙	
sahurahu, hi	候, サフラフ	verbe honorifique; 候得共, 候へ共, *sahurahedomo*, mode concessif du même.

tamahu, hi	給フ, 玉フ, タマフ	verbe honorifique appliqué surtout à l'Empereur.
todoku, ki	届ク	atteindre, avoir l'effet.
todokuru, ke	届クル	faire atteindre, informer.
naki, ku	無キ, ナキ	il n'y a pas (négatif de 有ル aru). Ex. : 無之, kore naku, il n'y a pas le fait de; 有之, kore ari, il y a le fait de).
hatamata	將叉, ハタマタ	d'autre part; sert à introduire une nouvelle question.
mausu, si	申ス	dire; auxiliaire honorifique.
masu, si	マス ⎫ 升	auxiliaire honorifique.
masuru, se	マスル ⎭	

INDEX ALPHABÉTIQUE DES PARTICULES ET TERMINAISONS CITÉES DANS LES TABLEAUX.

ahida	tabl. VI, b	間, あひだ, あリだ
ahi naru	tabl. VI, c	相成ル, 相成ら
aku	tabl. III, c, participe	アク, あく
aru	tabl. VI, c	有ル, 有ら
asobasu	tabl. VI, c	遊ス, 遊ば
b	voir aussi h pour les mots avec b initial.	
ba	tabl. IV, a, 2ᵉ base, 4ᵉ base, 5ᵉ base	者, バ, ば
bakari	tabl. IV, b	計, バカリ, ばかり
baya	tabl. IV, a, 4ᵉ base	バヤ, ばや
beki	tabl. III, a, participe	可キ, 可き
d	voir aussi t pour les mots avec d initial.	
damo	tabl. IV, b	ダモ, だも
dan	tabl. VI, b	段, ダン, だル
dani	tabl. IV, b	迄, ダニ, だに
de	tabl. III, d, indéfini	デ, で
	tabl. IV, b	id., id.

deu	tabl. VI, b	條, デウ, でう
do	tabl. IV, a, 5ᵉ base	ド, ど
domo	tabl. IV, a, 5ᵉ base	ドモ, ど, 共
	tabl. IV, b	id., id., id.
dutu	tabl. IV, b	宛, 充, ヅツ, づつ
e	tabl. I, 2ᵉ cl., 2ᵉ conj., indéfini, négatif, impératif	得, エ, え
	tabl. I, 2ᵉ cl., 2ᵉ conj., indéfini, négatif, impératif (pour ye)	エ え
g	voir aussi k pour les mots avec g initial.	
ga	tabl. IV, b	ガ, が
garu	tabl. II, c	ガル, がる
gata	tabl. IV, b	ガタ, 方
gi	tabl. VI, b	儀, 義, ギ, ぎ
go za gozaru	} tabl. VI, c	御座, ム, ゴザ, ござ ゴザル, 乙
ha	tabl. I, 2ᵉ cl., 1ʳᵉ conj., négatif	ハ, は
	tabl. IV, a, 2ᵉ base	id., id., 者
	tabl. IV, b (ni ha)	id., id., id.
	tabl. IV, b	id., id., id.
hadu	tabl. VI, b	筈, ハヅ, はづ
hatamata	tabl. VI, c	將又, ハタマタ
he	tabl. I, 2ᵉ cl., 1ʳᵉ conj., parfait, impératif	ヘ, へ
	tabl. I, 2ᵉ cl., 2ᵉ conj., indéfini, négatif, impératif	id., id.
	tabl. IV, b	id., id.
hi	tabl. I, 2ᵉ cl., 1ʳᵉ conj., indéfini	ヒ, ひ
	tabl. I, 2ᵉ cl., 2ᵉ conj., indéfini, négatif, impératif	id., id.
	tabl. I, 2ᵉ cl., 3ᵉ conj., indéfini, négatif, impératif	id., id.
hu	tabl. I, 2ᵉ cl., 1ʳᵉ conj., conclusif, participe	フ, ふ

hu	tabl. I, 2ᵉ cl., 2ᵉ conj., conclusif	フ, ふ
hure	tabl. I, 2ᵉ cl., 2ᵉ conj., parfait	フレ, ふレ
huru	tabl. I, 2ᵉ cl., 2ᵉ conj., participe	フル, ふ.
i	tabl. I, 2ᵉ cl., 2ᵉ conj., indéfini, négatif, impératif (pour *yi*)	イ, い
	tabl. I, 2ᵉ cl., 3ᵉ conj., indéfini, négatif, impératif	*id., id.*
inaya	tabl. IV, *a*, 1ʳᵉ base	否, イナヤ, いるや
ka	tabl. I, 2ᵉ cl., 1ʳᵉ conj., négatif	カ, ゝ
	tabl. IV, *a*, 3ᵉ base	*id.*, 乎, ゝ
	tabl. IV, *b*	*id., id.*, ゝ
kanuru	tabl. VI, *c*	兼ル
kara	tabl. IV, *a*, 3ᵉ base	カラ, ゝゝ
	tabl. IV, *b*	*id.*, 自, 因
kata	tabl. VI, *b*	方, カタ, ゝた
katagata	tabl. VI, *c*	旁, ゝたゞた
ke	tabl. I, 2ᵉ cl., 1ʳᵉ conj., parfait, impératif	ケ, け
	tabl. I, 2ᵉ cl., 2ᵉ conj., indéfini, négatif, impératif	*id., id.*
	tabl. III, *b*, négatif	*id., id.*
kere	tabl. I, 1ʳᵉ cl., parfait	ケレ, けレ
	tabl. III, *b*, parfait	*id., id.*
keru	tabl. III, *b*, participe	ケル, ける
ki	tabl. I, 1ʳᵉ cl., participe	キ, き
	tabl. I, 2ᵉ cl., 1ʳᵉ conj., indéfini	*id., id.*
	tabl. I, 2ᵉ cl., 2ᵉ conj., indéfini, négatif, impératif	*id., id.*
	tabl. I, 2ᵉ cl., 3ᵉ conj., indéfini, négatif, impératif	*id., id.*
	tabl. I, 2ᵉ cl., irrégulier, indéfini	*id., id.*
	tabl. III, *b*, conclusif	*id., id.*
ko	tabl. I, 2ᵉ cl., irrégulier, négatif, impératif	來, コ, こ
koso	tabl. IV, *b*	コソ, こそ

koto	tabl. VI, b	事, コト, 7, と ら
ku	tabl. I, 1re cl., indéfini, négatif	ク, ら
	tabl. I, 2e cl., 1re conj., conclusif, participe	id., id.
	tabl. I, 2e cl., 2e conj., conclusif	id., id.
	tabl. I, 2e cl., irrégulier, conclusif	id., id.
kure	tabl. I, 2e cl., 2e conj., parfait	クレ, ら レ
	tabl. I, 2e cl., irrégulier, parfait	id., id.
kuru	tabl. I, 2e cl., 2e conj., participe	クル, ら る
	tabl. I, 2e cl., irrégulier, participe	id., 來ル
ma	tabl. I, 2e cl., 1re conj., négatif	マ, ま
made	tabl. IV, b	迄, マデ, ま で
maru	tabl. II, c	マル, ま る
masu	tabl. VI, c	マス, 升, ま ス
masuru	tabl. VI, c	マスル, ま ス る
mausu	tabl. VI, c	マウス, 申ス
maziki	tabl. III, a, participe	不可キ, マレキ, ま ト き
me	tabl. I, 2e cl., 1re conj., parfait, impératif	メ, め
	tabl. I, 2e cl., 2e conj., indéfini, négatif, impératif	id., id.
meru	tabl. III, a, participe	メル, め る
mi	tabl. I, 2e cl., 1re conj., indéfini	三, み
	tabl. I, 2e cl., 2e conj., indéfini, négatif, impératif	id., id.
	tabl. I, 2e cl., 3e conj., indéfini, négatif, impératif	id., 見, み
mo	tabl. IV, a, 2e base, 3e base	モ, も
	tabl. IV, b	id., 亦, も
motite	tabl. VI, a	以, 以テ, モチテ, モツテ
mu	tabl. I, 2e cl., 1re conj., conclusif, participe	ム, む
	tabl. I, 2e cl., 2e conj., conclusif	id., id.
	tabl. II, c	id., id.
	tabl. III, d, participe	id., id.
mune	tabl. VI, b	ムネ, 旨, む ね

mure	tabl. I, 2ᵉ cl., 2ᵉ conj., parfait	ムレ, ひ レ
muru	tabl. I, 2ᵉ cl., 2ᵉ conj., participe	ムル, ひ ろ
	tabl. II, c	id., id.
n	tabl. III, d, participe	ン, ん
na	tabl. I, 2ᵉ cl., irrégulier, négatif	ナ, ゐ
	tabl. IV, a, 3ᵉ base	id., id.
nado	tabl. IV, b	ナド, 抔, 等, ゐ ど
nagara	tabl. IV, a, 2ᵉ base	ナガラ, 乍, ゐ が ら
	tabl. IV, b	id., id., id.
naki	tabl. VI, c	無キ, ナキ, ゐ き
nari	tabl. III, a, conclusif	也, ナリ, ゐ り
naru	tabl. III, a, participe	ナル, ゐ る
ne	tabl. I, 2ᵉ cl., 2ᵉ conj., indéfini, négatif, impératif	子, ね
	tabl. I, 2ᵉ cl., irrégulier, impératif	id., id.
	tabl. III, d, parfait	id., 不, ね
ni	tabl. I, 2ᵉ cl., 3ᵉ conj., indéfini, négatif, impératif	二, に
	tabl. I, 2ᵉ cl., irrégulier, indéfini	id., id.
	tabl. IV, a, 3ᵉ base	id., id.
	tabl. IV, b	id., 於, に
ni ha	tabl. IV, b	ニハ, 二者, には
nite	tabl. IV, b	ニテ, にて
no	tabl. IV, b	ノ, 之, の
nomi	tabl. IV, b	ノミ, 而已, のみ
nu	tabl. I, 2ᵉ cl., 2ᵉ conj., conclusif	ヌ, ぬ
	tabl. I, 2ᵉ cl., irrégulier, conclusif	id., id.
	tabl. III, d, participe	id., 不, ぬ
nure	tabl. I, 2ᵉ cl., 2ᵉ conj., parfait	ヌレ, ぬ れ
	tabl. I, 2ᵉ cl., irrégulier, parfait	id., id.
nuru	tabl. I, 2ᵉ cl., 2ᵉ conj., participe	ヌル, ぬ る
	tabl. I, 2ᵉ cl., irrégulier, participe	id., id.
	tabl. III, b, participe	id., id.
oite	tabl. VI, a	於テ

okeru	tabl. VI, *a*		於ル
omomuki	tabl. VI, *b*		趣
ra	tabl. I, 2ᵉ cl., 1ʳᵉ conj., négatif		ラ, ら
	tabl. I, 2ᵉ cl., irrégulier, négatif	*id., id.*	
	tabl. IV, *b*	*id., 等, ら*	
ramu ran	} tabl. III, *a*, participe	{ ラム, らひ ラン, らん	
raruru	tabl. II, *b*, potentiel	ラルル, 被	
rasi	tabl. III, *a*, conclusif	ラシ, 如	
re	tabl. I, 2ᵉ cl., 1ʳᵉ conj., parfait, impératif	レ	
	tabl. I, 2ᵉ cl., 2ᵉ conj. (*ure, kure, sure*, etc.)	*id.*	
	tabl. I, 2ᵉ cl., 2ᵉ conj., indéfini, négatif, impératif	*id.*	
	tabl. I, 2ᵉ cl., 3ᵉ conj., parfait	*id.*	
	tabl. I, 2ᵉ cl., irrégulier, parfait, impératif	*id.*	
	tabl. I, 2ᵉ cl., irrégulier (*nure, kure, sure*)	*id.*	
ri	tabl. I, 2ᵉ cl., 1ʳᵉ conj., indéfini	リ	
	tabl. I, 2ᵉ cl., 2ᵉ conj., indéfini, négatif, impératif	*id.*	
	tabl. I, 2ᵉ cl., irrégulier, conclusif, indéfini	*id.*	
ru	tabl. I, 2ᵉ cl., 1ʳᵉ conj., conclusif, participe	ル, ふ	
	tabl. I, 2ᵉ cl., 2ᵉ conj. (*uru, kuru, suru*)	*id., id.*	
	tabl. I, 2ᵉ cl., 2ᵉ conj., conclusif	*id., id.*	
	tabl. I, 2ᵉ cl., 3ᵉ conj., conclusif, participe	*id., id.*	
	tabl. I, 2ᵉ cl., irrégulier, participe	*id., id.*	
	tabl. I, 2ᵉ cl., irrégulier (*nuru, kuru, suru*)	*id., id.*	
	tabl. III, *e*, participe	*id., id.*	

rure	tabl. I, 2ᵉ cl., 2ᵉ conj., parfait	ルレ, ゟ ン
ruru	tabl. I, 2ᵉ cl., 2ᵉ conj., participe	ルル, ゟ ゟ
	tabl. II, b, potentiel	id., id., 被
sa	tabl. I, 2ᵉ cl., 1ʳᵉ conj., négatif	サ, ゙
sahe	tabl. IV, b	サヘ
sahurahu	tabl. VI, c	サフラフ, 候
sai	tabl. VI, b	サイ, 際
sasuru	tabl. II, b, causatif	サスル, 令
se	tabl. I, 2ᵉ cl., 1ʳᵉ conj., parfait, impératif	セ, ゙
	tabl. I, 2ᵉ cl., 2ᵉ conj., indéfini, négatif, impératif	id., id.
	tabl. I, 2ᵉ cl., irrégulier, négatif, impératif	id., id.
	tabl. III, b, négatif	id., id.
sesimuru	tabl. II, b, causatif	セシムル, 令
setu	tabl. VI, b	節
si	tabl. I, 1ʳᵉ cl., conclusif	シ,	
	tabl. I, 2ᵉ cl., 1ʳᵉ conj., indéfini	id., id.
	tabl. I, 2ᵉ cl., irrégulier, indéfini	id., id.
	tabl. III, b, participe	id., id.
si dai	tabl. VI, b	次第
sika	tabl. III, b, parfait	シカ,	ゟ
simuru	tabl. II, b, causatif	シムル, 令
site	tabl. VI, a (ni site, to site, wo site)	シテ, ノ,	テ
siyu	tabl. IV, b	衆
su	tabl. I, 2ᵉ cl., 1ʳᵉ conj., conclusif, participe	ス, ハ
	tabl. I, 2ᵉ cl., 2ᵉ conj., conclusif	id., id.
	tabl. I, 2ᵉ cl., irrégulier, conclusif	id., id.
sura	tabl. IV, b	スラ, ハ ゟ
sure	tabl. I, 2ᵉ cl., 2ᵉ conj., parfait	スレ, ハ ン
	tabl. I, 2ᵉ cl., irrégulier, parfait	id., id.
suru	tabl. I, 2ᵉ cl., 2ᵉ conj., participe	スル, ハ ゟ
	tabl. I, 2ᵉ cl., irrégulier, participe	id., 爲ル
	tabl. II, b, causatif	id., 令

ta	tabl. I, 2ᵉ cl., 1ʳᵉ conj., négatif	タ, レ
taki	tabl. III, b, participe	タキ, 度キ
tamahu	tabl. VI, c	タマフ, 給フ, 玉フ
taru	tabl. III, b, participe	タル, た ル
	tabl. VI, a	id., id.
tati	tabl. IV, b	タチ, 等, た ち
te	tabl. V, 2ᵉ cl., 1ʳᵉ conj., parfait, impératif	テ, て
	tabl. I, 2ᵉ cl., 2ᵉ conj., indéfini, négatif, impératif	id., id.
	tabl. III, b, indéfini, négatif	id., id.
	tabl. IV, b (nite)	id., id.
ti	tabl. I, 2ᵉ cl., 1ʳᵉ conj., indéfini	チ, ち
	tabl. I, 2ᵉ cl., 2ᵉ conj., indéfini, négatif, impératif	id., id.
to	tabl. IV, a, 1ʳᵉ base, 3ᵉ base, 5ᵉ base	ト, と
	tabl. IV, b	id., 與, と
todoku	tabl. VI, c	屆ク
todokuru	tabl. VI, c	屆クル
tohori	tabl. VI, a	通リ
toihedomo	tabl. IV, a, 1ʳᵉ base, 3ᵉ base	トイヘドモ, ト雖モ
toki	tabl. VI, b	時, トキ, 寸, 片, と き
tokoro	tabl. VI, b	處, 処, トコロ
tomo	tabl. IV, a, 1ʳᵉ base, 2ᵉ base	トモ, 花, 其
tote	tabl. VI, a	トテ, と て
tu	tabl. I, 2ᵉ cl., 1ʳᵉ conj., conclusif, participe	ツ, つ
	tabl. I, 2ᵉ cl., 2ᵉ conj., conclusif	id., id.
tuite	tabl. VI, a	ツイテ, 就テ
tuke	tabl. VI, a	附, ツケ
tuki	tabl. VI, a	付キ, 就キ, 付
ture	tabl. I, 2ᵉ cl., 2ᵉ conj., parfait	ツレ, つ れ
turu	tabl. I, 2ᵉ cl., 2ᵉ conj., participe	ツル, つ る
	tabl. III, b, participe	id., id.
u	tabl. I, 2ᵉ cl., 2ᵉ conj., conclusif	得, ウ, う

u	tabl. I, 2ᵉ cl., 2ᵉ conj., conclusif (pour *wu*)	ウ, う
uhe	tabl. VI, *b*	ウヘ, 上
ure	tabl. I, 2ᵉ cl., 2ᵉ conj., parfait	ウレ, う れ
	tabl. I, 2ᵉ cl., 2ᵉ conj., parfait (pour *wure*)	*id.*, *id.*
uru	tabl. I, 2ᵉ cl., 2ᵉ conj., participe	ウル, う る
	tabl. I, 2ᵉ cl., 2ᵉ conj., participe (pour *wuru*)	*id.*, *id.*
va	cf. *ha*	ハ, は
we	tabl. I, 2ᵉ cl., 2ᵉ conj., indéfini, négatif, impératif	ヱ, ゑ
wi	tabl. I, 2ᵉ cl., 3ᵉ conj., indéfini, négatif, impératif	ヰ, 居, ゐ
wo	tabl. IV, *a*, 3ᵉ base	ヲ, 袁, を
	tabl. IV, *b*	*id.*, *id.*, *id.*
ya	tabl. IV, *a*, 1ʳᵉ base	ヤ, 乎, 哉, 耶, や
	tabl. IV, *a*, 4ᵉ base (*baya*)	*id.*, *id.*
	tabl. IV, *b*	*id.*, *id.*
ya inaya	tabl. IV, *a*, 1ʳᵉ base	ヤイナヤ, ヤ否
yau	tabl. VI, *b*	ヤウ, 樣, や う
yo	tabl. I, 2ᵉ cl., 2ᵉ conj., impératif	ヨ, よ
	tabl. I, 2ᵉ cl., 3ᵉ conj., impératif	*id.*, *id.*
	tabl. I, 2ᵉ cl., irrégulier, impératif	*id.*, *id.*
	tabl. IV, *b*	*id.*, *id.*
yori	tabl. IV, *b*	ヨリ, 從, 因, よ り
	tabl. VI, *a*	*id.*, 依
yorite	tabl. VI, *a*	ヨリテ, 依テ, 因, 由テ 仍テ
yu	tabl. I, 2ᵉ cl., 2ᵉ conj., conclusif	ユ, ゆ
yure	tabl. I, 2ᵉ cl., 2ᵉ conj., parfait	ユレ, ゆれ
yuru	tabl. I, 2ᵉ cl., 2ᵉ conj., participe	ユル, ゆる

(52)

z	voir aussi *s* pour les mots avec *z* initial	
zaru	tabl. III, *d*, participe	ザル, ざる
zi	tabl. III, *d*, participe	ジ, ト
zo	tabl. IV, *b*	ゾ, ぞ
*z*u	tabl. III, *d*, conclusif indéfini, négatif	ズ, 不, ず

ERNEST LEROUX, ÉDITEUR,

LIBRAIRE DE LA SOCIÉTÉ ASIATIQUE ET DE L'ÉCOLE DES LANGUES ORIENTALES VIVANTES
RUE BONAPARTE, N° 28.

OUVRAGES PUBLIÉS PAR LA SOCIÉTÉ ASIATIQUE.

JOURNAL ASIATIQUE, publié depuis 1822. (La collection est en partie épuisée.)
Abonnement annuel. Paris : 25 fr. — Départements : 27 fr. 50.
Étranger : 30 fr. — Un mois : 3 fr. 50.

COLLECTION D'AUTEURS ORIENTAUX.

VOYAGES D'IBN BATOUTAH, texte arabe et traduction, par MM. *Defrémery* et *Sanguinetti*, Imprimerie nationale, 1873-1879 (nouveau tirage), 4 vol. in-8°. 30 fr.
INDEX ALPHABÉTIQUE POUR IBN BATOUTAH, 1859, in-8°. 2 fr.
MAÇOUDI. LES PRAIRIES D'OR, texte arabe et traduction, par M. *Barbier de Meynard* (les trois premiers volumes en collaboration avec M. *Pavet de Courteille*), 1861-1877, 9 vol. in-8°. 67 fr. 50

CHANTS POPULAIRES DES AFGHANS, recueillis, publiés et traduits par *James Darmesteter*. Précédés d'une introduction sur la langue, l'histoire et la littérature des Afghans, 1890, 1 fort vol. in-8°. 20 fr.
LE MAHAVASTU, texte sanscrit publié pour la première fois, avec des introductions et un commentaire, par M. *Ém. Senart*. Vol. I, 1882, in-8°. 25 fr.
Vol. II, 1890, in-8°. 25 fr.
JOURNAL D'UN VOYAGE EN ARABIE (1883-1884), par *Charles Huber*, 1 fort vol. in-8° illustré de dessins dans le texte et accompagné de planches et croquis. 30 fr.

MENG-TSEU, sou Mencium, Sinarum philosophum, latine transtulit *Stan. Julien*. Lut. Par. 1824, in-8°. 9 fr.
FABLES DE VARTAN, en arm. et en franç., par *Saint-Martin* et *Zohrab*, in-8°. 3 fr.
ÉLÉMENTS DE LA GRAMMAIRE JAPONAISE, par le P. *Rodriguez*, traduits du portugais par *C. Landresse*, précédés d'une explication des syllabaires japonais, par *Abel Rémusat*, avec un supplément, in-8° (épuisé). 7 fr. 50
ÉLÉGIE sur la prise d'Édesse par les Musulmans, par *Nersès Klaïetsi*, publiée en arménien, par *J. Zohrab*, in-8°. 4 fr. 50.
ESSAI SUR LE PALI, ou langue sacrée de la presqu'île au delà du Gange, avec six planches lithographiées et la notice des manuscrits pâlis de la Bibliothèque royale, par *E. Burnouf* et *Chr. Lassen*, 1 vol. in-8° (épuisé). 15 fr.
OBSERVATIONS sur le même ouvrage, par *E. Burnouf*, grand in-8°. 2 fr.
LA RECONNAISSANCE DE SACOUNTALA, drame sanscrit et pràcrit de Calidasa, publié en sanscrit et en français, par *A.-L. Chézy*, 1830, in-4°. 24 fr.
YADJNADATTABADHA, ou la mort d'Yadjnadatta, épisode extrait du Râmâyana, en sanscrit et en français, par *A.-L. Chézy*, 1 vol in-4°. 9 fr.
VOCABULAIRE DE LA LANGUE GÉORGIENNE, par *Klaproth*, in-8°. 7 fr. 50
CHRONIQUE GÉORGIENNE, texte et traduction, par *Brosset*, 1 vol. in-8°. 9 fr.
La traduction seule, sans le texte. 6 fr.
CHRESTOMATHIE CHINOISE, publiée par *Klaproth*, 1833, in-4°. 9 fr.
ÉLÉMENTS DE LA LANGUE GÉORGIENNE, par *Brosset*, 1 vol. in-8°. 9 fr.
GÉOGRAPHIE D'ABOULFÉDA, texte arabe, publié par *Reinaud* et *de Slane*, 1840, in-4°. 24 fr.
RÂDJATARANGINI, ou Histoire des rois du Kachmir, publiée en sanscrit et traduite en français, par M. *Troyer*, 1840-1852, 3 vol. in-8°. 20 fr.
PRÉCIS DE LÉGISLATION MUSULMANE, suivant le rite malékite, par *Sidi Khalil*, cinquième tirage, 1883, in-8°. 6 fr.

ERNEST LEROUX, ÉDITEUR,

LIBRAIRE DE LA SOCIÉTÉ ASIATIQUE ET DE L'ÉCOLE DES LANGUES ORIENTALES VIVANTES,

RUE BONAPARTE, N° 28.

OUVRAGES PUBLIÉS PAR LA SOCIÉTÉ ASIATIQUE.

JOURNAL ASIATIQUE, publié depuis 1822. (La collection est en partie épuisée.)
Abonnement annuel. Paris : 25 fr. — Départements : 27 fr. 50.
Étranger : 30 fr. — Un mois : 3 fr. 50.

COLLECTION D'AUTEURS ORIENTAUX.

VOYAGES D'IBN BATOUTAH, texte arabe et traduction, par MM. *Defrémery* et *Sanguinetti*, Imprimerie nationale, 1873-1879 (nouveau tirage), 4 vol. in-8°. 30 fr.
INDEX ALPHABÉTIQUE POUR IBN BATOUTAH, 1859, in-8°. 2 fr.
MAÇOUDI, LES PRAIRIES D'OR, texte arabe et traduction, par M. *Barbier de Meynard* (les trois premiers volumes en collaboration avec M. *Pavet de Courteille*). 1861-1877, 9 vol. in-8°. 67 fr. 50

CHANTS POPULAIRES DES AFGHANS, recueillis, publiés et traduits par *James Darmesteter*. Précédés d'une introduction sur la langue, l'histoire et la littérature des Afghans. 1890, 1 fort vol. in-8°. 20 fr.
LE MAHÂVASTU, texte sanscrit publié pour la première fois, avec des introductions et un commentaire, par M. *Ém. Senart*. Vol. I, 1882, in-8°. 25 fr.
Vol. II, 1890, in-8°. 25 fr.
JOURNAL D'UN VOYAGE EN ARABIE (1883-1884), par *Charles Huber*, 1 fort vol. in-8° illustré de dessins dans le texte et accompagné de planches et croquis. 30 fr.

MENG-TSEU, seu Mencium, Sinarum philosophum, latine transtulit *Stan. Julien*. Lut. Par. 1824, in-8°. 9 fr.
FABLES DE VARTAN, en arm. et en franç. par *Saint-Martin* et *Zohrab*, in-8°. 3 fr.
ÉLÉMENTS DE LA GRAMMAIRE JAPONAISE, par le P. *Rodriguez*, traduits du portugais par *G. Landresse*; précédés d'une explication des syllabaires japonais, par *Abel Rémusat*, avec un supplément, in-8° (épuisé). 7 fr. 50
ÉLÉGIE sur la prise d'Édesse par les Musulmans, par *Nersès Klaietsi*, publiée en arménien, par *J. Zohrab*, in-8°. 4 fr. 50.
ESSAI SUR LE PÂLI, ou langue sacrée de la presqu'île au delà du Gange, avec six planches lithographiées et la notice des manuscrits pâlis de la Bibliothèque royale, par *E. Burnouf* et *Chr. Lassen*, 1 vol. in-8° (épuisé). 15 fr.
OBSERVATIONS sur le même ouvrage, par *E. Burnouf*, grand in-8°. 2 fr.
LA RECONNAISSANCE DE SACOUNTALA, drame sanscrit et pracrit de Calidasa, publié en sanscrit et en français, par *A.-L. Chézy*, 1830, in-4°. 24 fr.
YADJNADATTABADHA, ou la mort d'Yadjnadatta, épisode extrait du Râmâyana, en sanscrit et en français, par *A.-L. Chézy*, 1 vol in-4°. 9 fr.
VOCABULAIRE DE LA LANGUE GÉORGIENNE, par *Klaproth*, in-8°. 7 fr. 50
CHRONIQUE GÉORGIENNE, texte et traduction, par *Brosset*, 1 vol. in-8°. 9 fr.
La traduction seule, sans le texte. 6 fr.
CHRESTOMATHIE CHINOISE, publiée par *Klaproth*, 1833, in-4°. 9 fr.
ÉLÉMENTS DE LA LANGUE GÉORGIENNE, par *Brosset*, 1 vol. in-8°. 9 fr.
GÉOGRAPHIE D'ABOU'LFÉDA, texte arabe, publié par *Reinaud* et *de Slane*, 1840, in-4°. 24 fr.
RÂDJATARANGINI, ou Histoire des rois du Kachmir, publiée en sanscrit et traduite en français, par M. *Troyer*, 1840-1852, 3 vol. in-8°. 20 fr.
PRÉCIS DE LÉGISLATION MUSULMANE, suivant le rite malékite, par *Sidi Khalil*, cinquième tirage, 1883, in-8°. 6 fr.